Anna Tran

# Social Media. Soziale Netzwerke, Blogs, Twitter und Social Sharing

## Ein Überblick

GRIN Verlag

**Bibliografische Information der Deutschen Nationalbibliothek:**

Die Deutsche Bibliothek verzeichnet diese Publikation in der Deutschen National-
bibliografie; detaillierte bibliografische Daten sind im Internet über http://dnb.d-
nb.de/ abrufbar.

**Impressum:**

Copyright © 2012 GRIN Verlag GmbH
Druck und Bindung: Books on Demand GmbH, Norderstedt Germany
ISBN: 978-3-656-89988-4

**Dieses Buch bei GRIN:**

http://www.grin.com/de/e-book/292838/social-media-soziale-netzwerke-blogs-
twitter-und-social-sharing

**GRIN - Your knowledge has value**

Der GRIN Verlag publiziert seit 1998 wissenschaftliche Arbeiten von Studenten, Hochschullehrern und anderen Akademikern als eBook und gedrucktes Buch. Die Verlagswebsite www.grin.com ist die ideale Plattform zur Veröffentlichung von Hausarbeiten, Abschlussarbeiten, wissenschaftlichen Aufsätzen, Dissertationen und Fachbüchern.

**Besuchen Sie uns im Internet:**

http://www.grin.com/

http://www.facebook.com/grincom

http://www.twitter.com/grin_com

**FOM Hochschule für Oekonomie & Management Berlin**

**Berufsbegleitender Studiengang zum Bachelor of Science Wirtschaftsinformatik**

**3. Semester**

**Seminararbeit in Webprogrammierung**

**Social Media**

Autorin: Anna Tran

# Inhaltsverzeichnis

# I. Abbildungsverzeichnis

# A. Einleitung

Social Media ermöglicht auch wenig technikaffinen Nutzern eine aktive Teilhabe am Internet. Während das Verbreiten von Informationen und Meinungen, das Veröffentlichen von Videos, das Übertragen von Veranstaltungen oder ähnliche Tätigkeiten in der Vergangenheit professionellen Medienunternehmen vorbehalten waren, ist es heutzutage auch ohne weitreichende Vorkenntnisse möglich eigene Inhalte zu generieren. Der Internetnutzer wird somit vom Konsumenten zum Produzenten.

# B. Social Media

## I. Definition Social Media

Das Web 2.0 ermöglicht es Nutzern auf einfache Art und Weise eigene Inhalte zu erstellen und diese über verschiedene Kanäle wie via Foren zu kommunizieren. Social Media geht hierbei noch einen Schritt weiter. So erlauben es soziale Netzwerke wie Facebook Inhalte gezielt ausgewählten Personenkreisen zu kommunizieren, deren Nutzer in irgendeiner Art und Weise in Beziehung zueinander stehen. Inhalte bekommen somit eine soziale Komponente und schaffen Interaktion zwischen den Nutzern. In Zukunft wird die Zahl der Menschen, die das Internet nutzen um ihre sozialen Kontakte zu pflegen und Informationen auszutauschen weiter steigen. Der Austausch von E-Mails wird durch Social Media ergänzt. Accounts bei sozialen Netzwerken sind schnell angelegt, das Erzeugen von Handyvideos mit anschließendem Hochladen auf Youtube ist mit heutigen Smartphones auch unerfahrenen Nutzern möglich.

## II. Social Media für Unternehmen

Die gekonnte Nutzung von Social Media stellt für Unternehmen heutzutage einen kritischen Erfolgsfaktor im globalen Wettbewerb dar. Eine von Nielsen 2009 veröffentlichte Studie ergab, dass rund 90% der im weltweiten Durchschnitt Befragten Empfehlungen von Freunden und Bekannten vertrauen[1]. Bei Werbeanzeigen lag das Vertrauen hingegen nur bei ca. 60 (siehe Abbildung 1)[1].

---

[1] Vgl. (Nielsen, 2009) S.2

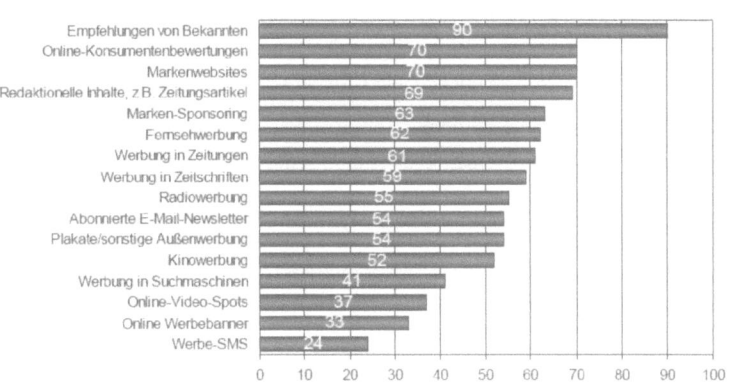

**Inwieweit vertrauen Sie folgenden Werbeformen?**
- Weltweiter Durchschnitt

■ Absolutes/Durchaus Vertrauen

Empfehlungen von Bekannten — 90
Online-Konsumentenbewertungen — 70
Markenwebsites — 70
Redaktionelle Inhalte, z.B. Zeitungsartikel — 69
Marken-Sponsoring — 63
Fernsehwerbung — 62
Werbung in Zeitungen — 61
Werbung in Zeitschriften — 59
Radiowerbung — 55
Abonnierte E-Mail-Newsletter — 54
Plakate/sonstige Außenwerbung — 54
Kinowerbung — 52
Werbung in Suchmaschinen — 41
Online-Video-Spots — 37
Online Werbebanner — 33
Werbe-SMS — 24

Basis: Alle Befragten weltweit, n = 26.219

Abbildung 1: Nielsen Studie 2009: Vertrauen in Werbung Quelle: Nielsen Studie 2009,

Nutzer vertrauen dem Unternehmen am stärksten, deren Produkte das halten was sie versprechen. Da sich Nutzer vor einem Kauf häufig in der virtuellen Community nach etwaigen Produkterfahrungen erkundigen, fallen unzutreffende Werbeversprechungen schnell auf. Kunden nehmen daher zugleich die Rolle von Markenbotschaftern ein, die sowohl einen stark positiven als auch negativen Werbeeffekt bewirken können. Ein Vorläufer dieser Entwicklung ist der Online Shop Amazon, der seine Produkte mit Kundenbewertungen und Kundenrezensionen bewirbt[2]. Unternehmen beobachten oft was in den Medien über sie berichtet wird und kontrollieren interne Nachrichten. Angesichts von unzähligen Blogs und sozialen Netzwerken ist eine lückenlose Kontrolle heutzutage jedoch nicht mehr möglich. Um das von einem Unternehmen im Internet vermittelte Bild zu kontrollieren bedarf es vielmehr neuer Wege. Pressemitteilungen sind dabei als alleinige Kommunikationsmittel unzureichend. Vielmehr benötigt es einer regen Kommunikation mit den (potentiellen) Kunden unter Nutzung der gesamten Bandbreite an den zur Verfügung stehenden sozialen Medien. Unerlässlich ist es dabei, eindeutige Verhaltensrichtlinien für die Kommunikation mit den Kunden vorzugeben.

---

[2] Vgl. (Bannour & Grabs, 2011), S. 331

## III. Vorteile von Social Media für Unternehmen

Die Nutzung von Social Media bietet Unternehmen eine Reihe von Vorteilen. Social Media verhilft intensive Kundenbeziehungen aufzubauen und zu erhalten. Mit Social Media ist es einfacher und kostengünstiger geworden mit bestehenden Kunden in Kontakt zu treten und diese über Neuigkeiten zu informieren. Laut einer Studie 2011 von Backstrom, Karrer, Marlow und Ugander hat ein Nutzer durchschnittlich auf Facebook 190 Freunde[3]. Mit einem Klick auf den „Gefällt mir"-Button hat man gleich im Schnitt 190 Freunde gesagt, dass ein Produkt einem gefällt. Die Information bzw. der Inhalt wird von einem Kontakt zum anderen Kontakt weitergegeben. Man kann hier den viralen Effekt erzielen. Wenn der Nutzer die Information für empfehlungswürdig hält, wird es auch weitergeben. Bestehende Kunden empfehlen ihren Freunden ein Produkt. In Social Media ist der Freundeskreis um ein Vielfaches größer, die Reichweite der Empfehlung damit auch. Mit Online-Mundpropaganda kann man somit neue Kunden gewinnen und loyale Markenfans beeinflussen potenzielle Kunden in ihren Kaufentscheidungen. Das Ranking eines Unternehmens in Suchmaschinen kann mit Social Media verbessert werden. Facebook und Twitter Beiträge werden in Echtzeit durchsucht. Auch Videos, Fotos, Blogbeiträge und andere Inhalte können das Ranking beeinflussen. Damit steigt die Chance nicht mehr nur mit der Webseite im relevanten Suchergebnis präsent zu sein sondern auch mit Social Media Inhalten. Ein Link auf die Webseite des eigenen Unternehmens sollte im Beitrag oder in einer Beschreibung platziert werden um mehr Traffic auf die Webseite zu generieren. Es sollte Nutzer darauf hinweisen wo sie das Produkt kaufen können, ohne plump zu wirken. Mit Social Media stehen einem kostengünstige und zudem einfache und schnell einsetzbare Tools z.B. Facebook oder Blogs zur Verfügung, die die Kommunikation mit den potenziellen Kunden direkter, unmittelbarer und authentischer erlauben. Die alleinige Abhängigkeit von Journalisten und Agenturen ist nicht mehr gegeben. Vielmehr wird das Unternehmen selbst zur Kommunikationszentrale. Die der Entwicklung des Internets zugrunde liegende Motivation war nicht der Vertrieb von Produkten und Dienstleistungen, jedoch bieten verschiedene Anwendungen und Plattformen perfekte Vertriebskanäle wie Twitter. Im Web teilen die Nutzer in den sozialen Netzwerken durch Interaktion und ihre Profildaten viel über ihre Person und ihre Interessen mit. Für Unternehmen ist dies die perfekte Werbeumgebung, da sie Anzeigen zielgruppenspezifisch schalten können. Streuverluste, wie sie üblicherweise

---

[3] Vgl. (Backstrom, Karrer, Marlow, & Ugander, 2011)

bei Werbespots im Fernsehen und Printanzeigen auftreten, können somit weitestgehend vermieden werden. Zwar werden in sozialen Netzwerken mitunter auch negative Erfahrungen kommuniziert, die eine Marke potentiell schädigen können. Vielfältige Kritiken, Meinungen und Wünsche sollten jedoch zugleich als Ideengeber für einen besseren Service, für neue Anwendungen oder neue Einsatzgebiete betrachtet werden. Das Social Web dient somit auch als offenes Brainstorming für Produktideen.

## C. Soziale Netzwerke

Plattformen, die es Nutzern erlauben sich miteinander zu vernetzen, untereinander zu kommunizieren sowie Informationen und Inhalte auszutauschen, bezeichnet man als soziale Netzwerke. Das Problem in der Realität ist, dass Verbindungen verborgen sind. Im sozialen Netzwerk sind diese verborgenen Verbindungen sichtbar und es besteht die Möglichkeit die Freunde der Freunde kennenzulernen und Kontakt aufzunehmen. Es ergeben sich Chancen, die so in der Realität nicht möglich sind.

### I. Merkmale

Eine frühe Form von sozialen Netzwerken waren Foren, die es Nutzern ermöglichten, sich zu bestimmten Themen auszutauschen. Das persönliche Profil stand dabei weniger im Vordergrund als das gemeinsame Interesse und der Austausch spezieller Daten und Informationen. Zentrales Kennzeichen moderner sozialer Netzwerke sind die Profile der einzelnen Nutzer, die dessen Eigendarstellung dienen und mit vielen persönlichen Informationen wie Alter, Geschlecht, Ausbildung, Hobbys, sowie eigenen privaten Fotos und Videos bestückt werden. Sie stellen eigene Inhalte für andere Nutzer und auf anderen Plattformen bereit. Die Verweildauer der Nutzer auf sozialen Netzwerken ist viel höher als auf herkömmlichen Webseiten. Laut einer Studie vom Marktforschungsinstitut TNS Infratest verbringen die Nutzer im weltweiten Durchschnitt 4,6 Stunden pro Woche in sozialen Netzwerken, auf herkömmlichen Webseiten dagegen nur 3,9[4]. Die Zahl der Nutzer sozialer Netzwerke wächst beständig. Soziale Netzwerke sind bei Nutzern beliebt, weil sie eine besonders einfache Möglichkeit darstellen mit einer Vielzahl anderer Personen aus unterschiedlichen Regionen und Ländern in Kontakt zu treten und mit ihnen Informationen auszutauschen. Urlaubserlebnisse werden heutzu-

---

[4] Vgl. (AFP, 11)

tage vielfach nicht mehr mittels analoger Medien wie Postkarten mitgeteilt, sondern über die jeweiligen sozialen Netzwerke verbreitet. Dadurch dass sich User sich miteinander vernetzen die sich ansatzweise kennen lernen, entsteht eine wesentlich höhere Vertrauensbasis als in den Zeiten des Web 1.0. Täglich wird eine Vielzahl an Videos, Fotos, Links im sozialen Netzwerken geteilt und somit massenhaft verbreitet. Durch dieses Schneeballprinzip können von Unternehmen produzierte Inhalte auch ohne kostenintensive Werbekampagnen eine hohe Reichweite erreichen.

## II. Facebook

Facebook ist das derzeit weltweit beliebteste soziale Netzwerk und hat wie keine andere Plattform in so kurzer Zeit eine große Marktposition und Medienpräsenz erlangt. Facebook wurde im Jahre 2004 gegründet und umfasst derzeit 800 Millionen aktive Nutzer und 350 Millionen der Nutzer verwenden Facebook über Mobilgeräte[5]. Besucher tätigen auf einer normalen Webseite wie heise online 6 Seitenaufrufe wohingegen es bei Facebook 15 Seitenaufrufe sind[6]. Der Nutzer bewegt sich verstärkt innerhalb des Netzwerkes. Mehr als die Hälfte der Nutzer ist einmal täglich online, sind aktiv, posten, und kommentieren.

## III. Vorteile von Facebook für Unternehmen

Facebook ist für Unternehmen so relevant, denn dort sind auch Kunden im internationalen Bereich vertreten. Facebook Nutzen geben mehr oder weniger bewusst viele Informationen über sich und das eigene Konsum- und Freizeitverhalten auf Facebook preis. Für Unternehmen war es noch nie so leicht die relevante Zielgruppe exakt zu orten wie es in Facebook möglich ist. Der Nutzen von Facebook für Unternehmen ergibt sich daraus, dass Kunden hier viel Zeit verbringen und der Kommunikation mit Freunden und Bekannten, aber auch mit Unternehmen viel Zeit widmen. Unternehmen können mittels Facebook ihre Kundenbeziehung stärken und den direkten Kontakt fördern. Sie können Ansprechpartner sein, bei Fragen weiterhelfen und ihre Kompetenz zeigen und den Kunden eine Plattform anbieten auf der Kunden ihre Zufriedenheit zum Ausdruck bringen. Durch die Möglichkeit Profildaten zu teilen ist es zudem einfacher die Zielgruppe eines Produkts gezielt zu bewerben. Viele Aktivitäten von Unternehmen sind in sozialen Netzwerken auf Marktforschung ausgerichtet. Unternehmen möchten mehr über den Kunden und

---

[5] Vgl. (Facebook, 2012)
[6] Vgl. (Bager, 2010)

sein Verhalten herausfinden. Durch das Überwachen der Kanäle versuchen sie die Meinungen von Kunden zum Unternehmen und dessen Produkten in Erfahrung zu bringen. Ein weiterer Aspekt ist die Förderung der Öffentlichkeitsarbeit mit bestehenden oder potenziellen Kunden, Journalisten oder mit zukünftigen Mitarbeitern. Der Austausch ist öffentlich und einfacher. Ein Mehrwert ergibt sich auch für das Unternehmen bei der Personalsuche. Stellenangebote werden aktiv von Nutzern weiterempfohlen und der direkte Kontakt zum Arbeitgeber ist möglich. Facebook hat für Unternehmen ebenfalls Fanseiten bereitgestellt. Das sind Profile für Unternehmen. Vorteil solcher Fanseiten ist, dass diese Seiten komplett offen für Suchmaschinen und auch für nicht registrierte bzw. angemeldet Nutzer zu sehen sind. Darüber hinaus haben Entwickler die Möglichkeit, eine Vielzahl an Anwendungen in Facebook zu integrieren. Zum Beispiel einen Online Shop, Umfragen oder Videos aus Youtube. Damit Nutzer gewisse Inhalte sehen können, müssen diese vorher freigeschaltet werden, indem der Nutzer zum Beispiel auf den „Gefällt mir"-Button klickt. Damit diese Freischaltung durch den Nutzer erfolgt, müssen entsprechende Anreize geschaffen werden. Hierbei kann es sich beispielsweise um grafisch und textlich entsprechend aufbereitete Reiter oder auch um Gewinnspiele handeln. Butlers wiederum bietet einen eigenen Online Shop auf seiner Facebookseite an. Die Nutzer können direkt auf der Facebookseite einkaufen. Wenn einem ein Produkt gefällt, kann der Nutzer dies seinen Freunden und Bekannten mitteilen. So sieht man bei wie vielen Usern das Produkt beliebt ist und welche Freunde dieses Produkt auch gekauft haben. Einen weiteren Schritt geht das Unternehmen Pandora, auf deren Facebookseite Nutzer die Möglichkeit haben eine eigene Kette zu entwerfen und diese anschließend zu erwerben.

# D. Blogs

## I. Warum Blogs genutzt werden

Im 20. Jahrhundert wurden Nachrichten nahezu ausschließlich von professionellen Journalisten geschrieben über deren Veröffentlichung eine kleine Gruppe von Personen entschied. Im 21.Jahrhundert hingegen kommt eine private Komponente hinzu. Auf den immer beliebter gewordenen Blogs kann nun jeder Reporter und gleichzeitig Herausgeber sein. Blogs erzeugen Millionen von Nachrichten[7]. Jedes Interesse hatte nun seine eigene Zielgruppe und Publikum. Zum Beispiel kann mit

---

[7] Vgl. (CommonCraft, Blogs in klarem Deutsch, 2008)

einem Blog ein Unternehmer Nachrichten über sein Unternehmen austauschen, eine Mutter über ihre Familie oder ein Sportler über seine Spiele. Jeder der eine Idee hat kann seinen eigenen Blog starten. Blogs sind per Einträge organisiert, wie die Artikel einer Zeitung. Blogger füllen ein Formular aus um einen Beitrag einzutragen. Der aktuellste Blogeintrag erscheint als erster Eintrag auf der Webseite. Blogs geben Ansichten wieder und der Blogger baut sich eine Beziehung zu Lesern und Bloggern mit ähnlichen Interessen auf. Leser können über die Kommentarfunktion Feedback geben, darüberhinaus kann sich der Blogger mit anderen Bloggern persönlichen austauschen.

## II. Vorteile von Blogs für Unternehmen

Vorteile eines Blogs für das Unternehmen sind, dass es über eine Plattform direkt mit der Zielgruppe sprechen kann unabhängig von Verlegern. Das ermöglicht Marktforschung zu betreiben wie Fragen an die Zielgruppe stellen oder man lernt andere Blogger kennen die über das Produkt schreiben. So ist es möglich Feedback über die wichtigen Informationen wie Kundenzufriedenheit, -bedürfnisse und dem Konsumverhalten der Zielgruppen in Erfahrung zu bringen. Direkter Feedback der Kunden kann helfen die Qualität der Produkte und Leistungen zu verbessern. Hier zeigt das Unternehmen seine Kompetenz und Autorität. Jedes Unternehmen verfügt über Expertenwissen. Mit dem Blog kann dieses Wissen nach außen kommuniziert werden. Ein Blog ist ein Dialogmedium, um Kundenbeziehungen zu pflegen und neue Kunden zu gewinnen. Das Unternehmen hat hier ein Mittel um Hintergrundgeschichten aus dem Unternehmen zu berichten, authentische Informationen zu verbreiten und den Kundendialog zu festigen. Viele Unternehmen wie Daimler, T-Systems Rewe Group Austria haben ihren eigenen Blog. Vorteile des Bloggens haben diese Unternehmen für sich erkannt und informieren die Öffentlichkeit über unternehmensrelevante Neuigkeiten. Andere Blogger greifen diese Information auf, analysieren, bewerten und kommentieren sie und verteilen sie weiter. Mit Blogs können Kunden gewonnen werden und treue, interessierte Kunden ausführlich informieren[8]. Durch die Kommentarfunktion wird das wertvolle Feedback der Kunden gesammelt. Blogs können aber ebenso für ein effizientes Projektmanagement innerhalb des Unternehmens eingesetzt werden, insbesondere um den Arbeitsprozess für alle Mitarbeiter transparenter zu machen. Beim Blog von Daimler bloggen die Mitarbeiter selbst und berichten von Ereignissen aus ihrem Ar-

---

[8] Vgl. (Bannour & Grabs, 2011), S.123

beitsalltag. Im Blog stehen somit die Mitarbeiter im Vordergrund und nicht, wie auf der normalen Webseite, das Unternehmen. Beispiel nutzt IBM interne Blogs für ihr Wissensmanagement. Bei Rittersport können Nutzer eigene Geschmacksrichtungen im Rittersportblog vorschlagen oder Feedback zu den Produkten zu geben. Der Nutzer hat die Möglichkeit Einfluss auf die Produktentwicklung zu nehmen.

# E. Twitter

## I. Definition Twitter

Twitter ist eine Kommunikationsform zwischen E-Mails und Blogeinträgen. Aufgrund seiner 140 Zeichen Begrenzung wird es auch als Microblog bezeichnet. Vorteil ist, dass die Nachrichten stets kurz sind und von jedem mobilen Gerät ist Twitter nutzbar[9].

## II. Warum getwittert wird

Oft fragen wir Freunde und Verwandte als Erstes was sie gerade machen. Wir fühlen uns mit ihnen verbunden und möchten an ihrem Alltag teilhaben. Meist bleibt dieser Alltag der Freunde, Familie und Bekannten aber verborgen. Dank Twitter ist es möglich, kurze aktuelle Nachrichten aus dem Leben mitzuteilen, die in E-Mails und Blogs mangels Relevanz keine Erwähnung finden würden. Auch ist es möglich Personen oder Unternehmen zu folgen, die einem wichtig sind um deren Botschaften zu lesen. So formt sich ein Bild der Freunde, Familie und Bekannten, die bisher einem nicht so bekannt waren.

## III. Vorteile von Twitter für Unternehmen

Die Kommunikation in Twitter ist öffentlich und ohne Hierarchie. Jeder kann mit jedem in Augenhöhe kommunizieren[10]. Es ist problemlos möglich mit einer leitenden Führungsperson ins Gespräch zu kommen. Kunden können somit Firmen auf direktem Weg anschreiben. Für Unternehmen ist dies die Chance durch direktem Kontakt eine persönliche Kundenbindung aufzubauen. Anstelle von einer Beratung per Telefon-Hotline oder E-Mail erfährt der Kunde authentische Personen, die öffentlich und transparent mit diesen kommunizieren. Das Unternehmen Telekom hat beispielsweise einen Twitter Account „Telekom hilft". Dort erhalten Kunden auf an-

---

[9] Vgl. (Tweeternet, 2010)
[10] Vgl. (Bannour & Grabs, 2011), S. 174

gesprochene Probleme zeitnah eine öffentliche Antwort vom Support. Das hat einerseits positive Auswirkungen auf das Image des Unternehmens, andererseits kann es auch langfristig den Supportaufwand verringern, da Tweets von Suchmaschinen gefunden werden. Twitter eignet sich zudem zur effektiven Weitergabe von Informationen. Dabei kann es sich um Mitteilungen zur Personalentwicklung, zu Kooperationen, zu Produktentwicklungen, zu Branchentrends oder zur Planung von Firmenevents handeln. Die Nutzung von Twitter hat dabei den Vorteil, dass eher persönliche Formulierungen eher wahrgenommen werden als tendenziell Pressemitteilungen. Das bekannteste Beispiel ist sicherlich der Computerhersteller DELL, der über seinen Twitter-Account "DELL Outlet" über mehrere Millionen USD im Jahr vertreibt[11]. Für DELL dient Twitter als Verkaufskanal, der dazu genutzt wird Nutzer über neueste DELL Produkte zu informieren und unter anderem Rabatte für ein Teil des Sortiments anzubieten. In Twitter können die Nutzer Beiträge und Kommentare posten. So werden direkt positive und negative Erlebnisse, Erfahrungen und Meinungen kommuniziert. Twitter hilft einem schnellen und breiten Überblick über das Feedback zu bestimmten Produkten und zum Unternehmen zu gewinnen. Über Twitter ist es möglich schneller Branchentrends und das Kundenfeedback der Konkurrenz zu verfolgen um die eigene Produktentwicklung voranzutreiben und auf die Wünsche in der Branche zu reagieren.

## IV. Hootsuite

Um Twitter effizient nutzen zu können empfiehlt es sich mit Tools zu arbeiten, die es ermöglichen bestimmte Schlüsselwörter wie Firmennamen, Produktnamen, Konkurrenz oder Branche anzulegen und nach diesen zu suchen. Ein beliebtes Tool zur Überwachung der Social Media Konten ist die webbasierte Anwendung Hootsuite[12]. Hootsuite ist in der Lage mehrere Twitter und Social Media Konten gleichzeitig zu betreuen. Bis zu 10 Kanäle für Schlüsselwörter sind möglich. Ein besonderes Feature ist das zeitversetzte Twittern. Ein Tweet oder ein Eintrag kann vorher verfasst werden, als Entwurf gespeichert und in der Zukunft veröffentlicht werden. Auch können mehrere Leute zugleich auf Hootsuite zugreifen.

---

[11] Vgl. (Bannour & Grabs, 2011), S.31
[12] Vgl. (MashableTeam, 2011)

# F. Social Sharing

## I. Definition Social Sharing

Täglich werden im Social Web hunderte Millionen von Informationen geteilt. Hierbei kann es sich beispielsweise um Links, Videos, Fotos, Podcasts oder PDFs handeln. Bei Social Sharing geht es nicht darum wie bei Facebook Menschen miteinander zu vernetzen, die in Beziehung zueinander stehen. Es sind vielmehr Content Portale, die dazu dienen Multimedia Inhalte zugänglich zu machen.

## II. Vorteile von Social Sharing für das Unternehmen

Mit Social Sharing können Unternehmen ihre Informationen weiter streuen und mehr Besucher auf ihre Webseite lenken wenn der Link zu der Webseite im Video, auf dem Foto oder in der Beschreibung enthalten ist. Da kein eigener Server erforderlich ist um Videos, Fotos und etc. zu speichern, ist diese Technik besonders günstig. Viele Anwendungen wie die Fotoplattform Flickr sind in der Basisvariante kostenlos. Die Webseite kann zudem ohne großen Kostenaufwand verbessert werden indem Videos und Fotos in diese integriert werden. Von Suchmaschinen werden die Inhalte leichter gefunden und geben in den Suchergebnissen aus. Das Video kann auf dieser Content Plattform von Millionen von Nutzern gefunden über ein bestimmtes Schlüsselwort oder über eine Empfehlung und kann weiter empfohlen werden. Ein besseres Ranking auf Google ist so möglich.

## III. Foto Sharing

### 1. Warum Fotoplattformen nutzen

Neben der gedruckten Schrift und dem gesprochenen Wort sind Fotos ebenfalls relativ alte Informationsträger im Vergleich zum Fernsehen und CDs. Digitale Aufnahmen nehmen immer mehr zu. Durch das Vorhandensein des digitalen Materials ist es auch notwendig diese zu verbreiten, dokumentieren und zu archivieren. Fotoplattformen erfüllen diesen Zweck[13]. Sie stellen dem einzelnen Nutzer einen Account mit einer beschränkten Menge an Datenspeicher zur Verfügung. Gerade weil Bilder einem viel bedeuten, empfiehlt es sich diese auf Plattformen im Internet zu hinterlegen. Somit wird zum Einem die Haltbarkeit der Bilder gewahrt zum Anderen können derart hinterlegte Bilder leicht geteilt und anderen präsentiert werden. Heutzutage wird das auf dem Computer und Mobiltelefon abgelegt. Daten können

---

[13] Vgl. (CommonCraft, Photo Sharing online in klarem Deutsch , 2008)

dennoch verloren gehen wenn der Computer ein Defekt hat und kein Backup vorhanden ist. Dann würden tausende von Erinnerungen gelöscht werden. Beim Backupen der Fotos im Web kann dies vermieden werden.

## 2. Flickr

Das populärste Netzwerk für Fotoplattformen ist Flickr[14]. Flickr ermöglicht es Fotos sowohl privat, als auch öffentlich zu stellen. Geteilte Fotos können kommentiert und bewertet werden. Zu jedem Foto kann zudem eine Beschreibung hinzugefügt werden. Auch ist es möglich Markierungen hinzuzufügen, die signalisieren wer auf dem Foto zu sehen ist. Um ein Foto wiederzufinden, können Schlüsselwörter gesetzt werden, die das Foto beschreiben. Im Grunde könnten Unternehmen Bilder auf ihrer Webseite veröffentlichen - und die meisten haben es auch so gemacht - aber es gibt Gründe, die Bilder nicht länger ausschließlich auf der Webseite zu lagern. Ein Grund ist, dass Fotos auf Fotoplattformen suchmaschinenrelevant sind. Werden Foto mit den richtigen Schlüsselwörtern und Beschriftungen öffentlich zugänglich gemacht, können sie über Suchmaschinen wie Google, Bing oder Yahoo gefunden werden. Ein weiterer Punkt ist, dass das Unternehmen seine Fotos ordnen kann und sie somit leichter auffindbar sind.

## IV. Social Bookmarking

Laut einer Hochrechnung von WorldwideWebSize.com, die auf Schätzung mehrerer Suchmaschinen basiert, gibt mehr als 8 Billarden Webseiten (Stand 01.12.2011)[15]. Um sich bestimmte Seiten zu merken, sollte man sie für später speichern. Viele Internetnutzer speichern ihre Lesezeichen auf dem lokalen Computer, aber bei dieser Methode gibt es Nachteile. Ohne ein Backup wäre nach einem Festplattenausfall alle Lesezeichen weg. Es findet keine Synchronisation zwischen verschiedenen mobilen Geräten statt und je mehr Lesezeichen verwendet werden desto unübersichtlicher wird es. Es findet auch keine Wissensweitergabe statt. Falls jemand einen interessanten Link gefunden hat, wird dieser nicht weitergegeben. Eine neuere Methode benötigt keinen Browser, sondern eine Webseite. Einer der beliebtesten Social Bookmarking Dienste ist Delicious. Für jedes gespeicherte Lesezeichen können Schlüsselwörter eingegeben um so die Lesezeichen zu sortieren. Diese Lesezeichen können mit Freunden, Bekannten und Kollegen geteilt werden. Für Unternehmen steigert dies die Arbeitseffizienz. Kunden können ihre

---

[14] Vgl. (arnoldzafra, 2009)
[15] Vgl. (WorldWideWebSize.com, 2011),

Bookmarks abonnieren. Populäre Tags sollten verwendet werden, um die Nutzer auf die Bookmarks aufmerksam zu machen. Zum Beispiel bietet ein Hotelier für seine Gäste aber auch anderen Besucher in seiner Region eine Linkliste mit Freizeitempfehlungen, die er auf Delicious angelegt hat.

## V. Online Video Sharing

Früher wurden Videos von Professionellen gedreht und der Zuschauer war der Konsument. Nun können die Nutzer problemlos selbst gedrehte Videos im Internet veröffentlichen und somit ihrerseits zu Produzenten werden. Durch die hohe Verbreitung von Videokameras und Handykameras werden nun Videoplattformen attraktiv. Durch Videoplattformen gibt es die Möglichkeit eigene Videos zu hochzuladen, die wiederum von anderen Nutzern kommentiert und weiterempfohlen werden können. Videoplattformen sind beim Nutzer sehr beliebt und verweilen dort durchschnittlich 23 Minuten im weltweiten Durchschnitt (siehe Abbildung 2)[16].

| **Traffic-Statistiken** | Sämtliche Traffic-Statistiken basieren auf Schätzwerten. (?) |
| --- | --- |
| | **Weltweit** |
| Eindeutige Besucher (geschätzte Cookies) (?) | 3,6 Md. |
| Eindeutige Besucher (Nutzer) (?) | 880 Million |
| Reichweite | 46,9% |
| Seiten-aufrufe | 140 Md. |
| Gesamtanzahl der Besuche | 12 Md. |
| Durchschn. Besuche pro Cookie | 3,4 |
| Durchschn. Verweildauer auf Website | 23:20 |

-- = Keine Daten verfügbar

Abbildung 2 Traffic Statistiken auf youtube.com, Quelle entnommen aus: adplanner.google.com, Stand: 01.12.2011

Ein interessantes Video kann mehr Nutzer erreichen, als ein Video alleine auf der Webseite. Diese Plattformen sind mit anderen Plattformen wie Facebook und Twitter vernetzt. Nutzer können dort ihre Videos weiterempfehlen was wiederum die Reichweite erhöht. Das Besondere an Videos ist, dass sie durch ihre Bewegtheit und Dynamik die Aufmerksamkeit der Nutzer besser als Fotos, Text oder reines Audio auf sich ziehen. Somit kann in relativ kurzer Zeit viel Inhalt und eine deutliche Werbebotschaft transportiert werden. Genau daran scheitern jedoch viele Onlinevi-

---

[16] Vgl. (adplanner.google.com, 2011)

deos. Ein Imagefilm, der außerhalb auf Ausstellungen und Messen gezeigt wird, hat im Web keine Chance. Die Aufmerksamkeitsspanne die ein Nutzer einem Video im Web schenkt ist noch wesentlich geringer als im TV oder Kino, weil der Nutzer leicht abgelenkt werden kann. Grundsatz ist bei online Videos, dass das Interesse des Zuschauers in den ersten 10 bis 15 Sekunden gewonnen werden sollte. Die Gesamtdauer eines online Videos sollte nicht länger als 90 Sekunden dauern[17].

## 1. Virales Marketing

Die weltweit beliebteste Video Plattform ist Youtube[18]. 90% der Videos auf Youtube verbreiten sich durch gegenseitige Empfehlungen der Nutzer[13]. Videos werden per E-Mail gesendet oder im eigenen Social Networking Profil gepostet. Diesen Weiterempfehlungseffekt nennt man auch virale Verbreitung. Ein Video verbreitet sich also durch Mundpropaganda. Wenn ein Unternehmen ein virales Video verbreiten möchte, ist folgendes zu beachten: Videos sind in der Regel 1-3 Minuten lang. Besonders viral sind kurze Videos von 10-20 Sekunden[13]. Das Video muss so interessant sein, dass der Betrachter sich dazu aufgefordert fühlt das Video weiterzuempfehlen.

## 2. Fallbeispiel: Megawoosh – Bruno Kammerl

Ein sehr erfolgreiches virales Video war ein Video auf Youtube von Mr. Kammerl mit dem Titel „Megawoosh - Bruno Kammerl" vom August 2009[15]. Dort veröffentlichte er seinem Stunt auf einer Wasserrutschbahn ins entfernte Planschbecken. Das Video hatte nach 3 Tage 300,000 Views und es wurde gerätselt wer Bruno Kammerl war und ob der Stunt echt sei. Nach vier Tagen hat sich Microsoft als Macher des Videos herausgegeben und es war eine Werbekampagne für Microsofts neues Produkt MS Project 2010[19]. Wann ein Video viral wird, hängt von einigen Faktoren ab. Zum Beispiel weil das Video lustig ist, weil es ungewöhnlich ist, weil es emotional ist, weil es zu unserer Weltsicht passt, weil es zum Nachdenken bringt, weil es in den klassischen Medien nicht auftaucht, weil es jemanden zum Lächeln bringt, weil es dramatisch ist, weil es peinlich ist oder weil es provokant ist[20]. Bei einem viralen Markenvideo ist die Marke häufig nicht sofort erkennbar. Was zählt ist die Idee des Videos. Der große Vorteil ist, dass das Video nicht ver-

---

[17] Vgl. (Bannour & Grabs, 2011), S.274 ff.
[18] Vgl. (GFMNachrichten, 2011)
[19] Vgl. (Friedrichs, 2009)
[20] Vgl. (Tißler, 2011)

schwindet. So findet eine permanente Auseinandersetzung mit der Marke statt.

## G. Quick Response Codes

Ein Verkäufer im Einzelhandel scannt den Barcode eines Produktes ein anstatt jedes Mal nach dem Preis zuschauen. Heutzutage gibt es neue Arten von Codes, die mit einer Handykamera gescannt werden. Und wie der Scanner beim Verkäufer wird ein Link zu den Informationen erstellt. So nimmt man mit dem Smartphone den Code auf, dieser wird entschlüsselt und anschließend wird im Browser eine Webseite geöffnet oder eine Datei heruntergeladen. QR Codes verbinden Printmedien mit dem Internet. Ein direkter Kontakt mit dem Kunden entsteht. Mit einem QR Code können nützliche Informationen abgerufen werden, zum Beispiel Produktinformationen beim Einkaufen. Das besondere an QR Codes ist, dass sie bei gut platzierter Verwendung die Aufmerksamkeit des Betrachters auf sich zieht. Für das Verwenden von QR Codes in der Printwerbung ist dabei zu beachten, dass der Zielgruppe der Mehrwert bewusst werden sollte, bevor der QR Code aufgerufen wird. Im August 2009 hatte die LBB/Berliner Sparkasse zwei Plakatkampagnen gestartet. Einmal ohne das Logo der Sparkasse (siehe Abbildung 3) und einmal mit Branding im QR Code (siehe Abbildung 4)[21]. Laut der Agentur Tagnition werden QR Codes mit einem Branding sechsmal mal häufiger angeklickt als ohne[22]. Ein Branding kann 30% des QR Codes bedecken[23].

Abbildung 3: Erste Plakatkampagne mit Standard QR Code, Quelle: tagnition.de

---

[21] Vgl. (tagmotion, 2010)
[22] Vgl. (Bannour & Grabs, 2011), 360 ff.
[23] Vgl. (Chan, 2011)

Abbildung 4: 2. Plakatkampagne mit Sparkassen Branding, Quelle: tagnition.de

# H. Augmented Reality

Die Realität ist das was die Menschen durch ihre Sinne wie Augen und Mobiltelefone mit Kamera erfahren. Es gibt neue Anwendungen die es einem ermöglichen die Realität mit Informationen aus dem Internet angereichert zu betrachten. Die Möglichkeit die Realitätswahrnehmung derartig zu erweitern, wird als Augmented Reality bezeichnet[24]. Wird etwa – eine entsprechende App vorausgesetzt – die Kamera eines Smartphones auf ein Restaurant gerichtet, wird auf dem Bildschirm eine Reihe von nützlichen Informationen angezeigt, beispielsweise Kontaktinformationen, Kommentare und Bewertungen. Ein anderes Beispiel sind Einkäufe. Wird ein Produkt auf eine Kamera gerichtet und werden Informationen und die Preise von anderen Geschäften in der Nähe oder im Internet angezeigt. Zum Beispiel nutzte LEGO Augmented Reality um den Verpackungsinhalt der Spielzeuge in 3D anzuzeigen.

# I. Zusammenfassung

Dies sind alle Tools mit deren Hilfe das Bedürfnis der Menschen, mit ihren Freunden und Bekannten in Kontakt zu treten, erfüllt wird. Die eine oder andere Plattform oder Technologie wird in den nächsten Jahren verschwinden, das Informations- und Kommunikationsverhalten der Menschen wird sich weiterentwickeln. Je mehr sich Unternehmen mit Social Media auseinandersetzen und Chancen und Risiken sehen, verstehen und damit umgehen zu lernen, desto leichter wird es ihnen in

---

[24] Vgl. (CommonCraft, Common Craft erklärt Ihnen Augmented Reality, 2010)

Zukunft fallen mit der rasanten Entwicklung Schritt zu halten. Unternehmen sollen sich trotzdem genug Zeit nehmen um strategisch und durchdacht an das Ganze heranzugehen. Immer mehr Unternehmen werden Social Media in ihrem Unternehmensablauf und in die Unternehmenskommunikation integrieren. Neue Technologien wie Augmented Reality werden zu einer Vermischung von realen und virtuellen Welten beitragen. Kritisch zu betrachten bei Social Media ist indes der Datenschutz. Die von Nutzern in ihren Profilen preisgegebenen Informationen können an Dritte weitergegeben werden, die öffentliche Preisgabe von Aufenthaltsorten kann in Bewegungsprofilen münden.

## I. Ausblick - Social TV

Social TV bezeichnet das Verbinden von Fernsehen mit sozialen Netzwerken. Zu der Entwicklung zu Social TV trägt eine Studie von eMarketer bei, die herausfand, dass neben dem Fernsehen 42% der Zuschauer das Internet nutzen und besonders während der Werbepausen sich mit dem Smartphone oder Laptop beschäftigen[25]. Beim Zuschauer entstehen Bedürfnisse sich mit anderen über das Fernsehereignis auszutauschen und auch mitzuwirken. Soziale Netzwerke sind eine Erweiterung zum Fernsehprogramm und der Zuschauer erhält die Möglichkeit aktiv am Fernsehereignis teilzunehmen. Zuschauer können das Programm synchron und live im Internet mitverfolgen oder sich an Umfragen oder Diskussionen beteiligen. Sie können auch über Webanwendungen Zusatzinformationen zu Sendungen bekommen wie über die Akteure oder zu bestimmten Themen und Ereignissen.

Zum Beispiel hat Spike TV ein Fernsehsender aus den USA eine Social TV App erstellt um Feedback für das Finale von The Deadliest Warrior zu erhalten[26]. Diese Show erlaubt es Zuschauern die Umfrage in Echtzeit zu beantworten. Die Ergebnisse werden sofort auf dem Bildschirm angezeigt und eine Grafik aktualisiert diese über die ganze Show hinweg. Durch diese Interaktion des Zuschauers konnte der Ausgang der Show bestimmt werden.

---

[25] Vgl. (eMarketer, 2011)
[26] Vgl. (Liebling, 2011)

# Literaturverzeichnis

adplanner.google.com. (01. 12 2011). *doubleclick ad planner*. Abgerufen am 05. 12 2011 von adplanner.google.com: https://www.google.com/adplanner/#siteSearch?uid=Domain%253Ayoutube.com& geo=001&lp=false

AFP. (2011. 10 11). *Menschen in Schwellenländern nutzen Internet besonders aktiv*. Abgerufen am 2011. 12 04 von AFP: http://www.google.com/hostednews/afp/article/ALeqM5i37tx2Ms9uF6tyXQebFCpu4 k8iTA?docId=TX-PAR-TBM03

arnoldzafra. (26. 01 2009). *Top 5 best free photo sharing sites*. Abgerufen am 07. 12 2011 von SocialTimes: http://socialtimes.com/top-5-best-free-photo-sharing-sites_b7497

Backstrom, L., Karrer, B., Marlow, C., & Ugander, J. (22. 11 2011). *Anatomy of Facebook*. Abgerufen am 02. 12 2011 von Facebook: https://www.facebook.com/notes/facebook-data-team/anatomy-of-facebook/10150388519243859

Bager, J. (01. 07 2010). *Megacommunities c't 07/10*. Abgerufen am 10. 12 2011 von heise online.

Bannour, K., & Grabs, A. (2011). *Follow me!: Social Media Marketing mit Facebook, Twitter, XING, YouTube und Co. Inkl. Empfehlungsmarketing, Crowdsourcing und Social Commerce*. Bonn: Galileo Computing.

Chan, H. (18. 04 2011). *HOW TO: Make Your QR Codes More Beautiful*. Abgerufen am 2011. 12 05 von Mashable: http://mashable.com/2011/04/18/qr-code-design-tips/

CommonCraft. (01. 01 2008). *Blogs in klarem Deutsch*. Abgerufen am 08. 12 2011 von Common Craft: http://www.commoncraft.com/video/blogs-klarem-deutsch

CommonCraft. (01. 01 2010). *Common Craft erklärt Ihnen Augmented Reality*. Abgerufen am 27. 11 2011 von Common Craft: http://www.commoncraft.com/video/common-craft-erkl%C3%A4rt-ihnen-augmented-reality

CommonCraft. (01. 01 2010). *Common Craft erklärt Ihnen Social Media am Arbeitsplatz*. Abgerufen am 24. 11 2011 von Common Craft: http://www.commoncraft.com/video/common-craft-erkl%C3%A4rt-ihnen-social-media-am-arbeitsplatz

CommonCraft. (01. 01 2008). *Photo Sharing online in klarem Deutsch* . Abgerufen am 08. 12 2011 von Common Craft: http://www.commoncraft.com/video/photo-sharing-online-klarem-deutsch

CommonCraft. (01. 01 2011). *QR-Codes Erklärt von Common Craft* . Abgerufen am 03. 12 2011 von Common Craft: http://www.commoncraft.com/video/qr-codes-erklart-von-common-craft

CommonCraft. (01. 01 2008). *Social Bookmarks in klarem Deutsch* . Abgerufen am 05. 12 2011 von Common Craft: http://www.commoncraft.com/video/social-bookmarks-klarem-deutsch

CommonCraft. (01. 01 2008). *Social Media in Plain English*. Abgerufen am 27. 11 2011 von Common Craft: http://www.commoncraft.com/video/social-media

CommonCraft. (01. 01 2008). *Soziale Netzwerke in klarem Deutsch*. Abgerufen am 29. 11 2011 von Common Craft: http://www.commoncraft.com/video/soziale-netzwerke-klarem-deutsch

CommonCraft. (01. 01 2008). *Twitter in klarem Deutsch*. Abgerufen am 29. 11 2011 von Common Craft: http://www.commoncraft.com/video/twitter-klarem-deutsch

eMarketer. (28. 03 2011). *What Do TV-Social Media Multitaskers Talk About?* Abgerufen am 09. 12 2011 von eMarketer.com: http://www.emarketer.com/Article.aspx?R=1008301

Facebook. (01. 01 2012). *Facebook Statistik*. Abgerufen am 24. 01 2012 von Facebook: https://www.facebook.com/press/info.php?statistics

Friedrichs, M. (07. 08 2009). *Projekt Megawoosh: Bruno Kammerl und sein unglaublicher Wasserrutschen-Stunt*. Abgerufen am 08. 12 2011 von Basithinking Blog: http://www.basicthinking.de/blog/2009/08/07/projekt-megawoosh-bruno-kammerl-und-seinem-unglaublicher-wasserrutschen-stunt/

G16. (01. 01 2011). *Mobile Werbung für mobile Kunden*. Abgerufen am 11. 12 2011 von G16: http://www.g16.net/themen-loesungen/mobile-marketing.html

Gaßmair, D. (20. 08 2009). *Bruno Kammerl, Megawoosh und Microsoft*. Abgerufen am 13. 12 2011 von Virales Marketing & Buzz Marketing: http://www.viralandbuzzmarketing.de/bruno-kammerl-megawoosh-und-microsoft/

GFMNachrichten. (07. 12 2011). *BITKOM:Youtube beliebteste Video-Plattform*. Abgerufen am 08. 12 2011 von GFM Nachrichten: http://www.gfm-nachrichten.de/news/archives/BITKOMYoutube-beliebteste-Video-Plattform.html

Heymann-Reyder, D. (2011). *Social Media Marketing: Erfolgreiche Strategien für Sie und Ihr Unternehmen*. München: Addison-Wesley.

Liebling, R. (07. 10 2011). *Social TV: How Content Producers Can Engage Their Audiences in New Ways.* Abgerufen am 11. 12 2011 von Mashable.com: http://mashable.com/2011/10/06/social-tv-intermedia-strategy/

MashableTeam. (07. 01 2011). *Best Social Media Management Tool: HootSuite.* Abgerufen am 13. 12 2011 von Mashable: http://mashable.com/2011/01/07/mashable-awards-2010-announcing-the-winners/

Microsoft. (01. 12 2008). *Mac es Machbar.* Abgerufen am 30. 11 2011 von Microsoft: https://www.microsoft.com/germany/aktionen/mach-es-machbar/

Nielsen. (01. 07 2009). *Vertrauen in Werbung.* Abgerufen am 25. 11 2011 von Nielsen: http://www.acnielsen.de/site/documents/VertraueninWerbung_Presse_Deutschland.pdf

Stuber, R. (2011). *Erfolgreiches Social Media Marketing mit Facebook, Twitter, XING und Co.* Düsseldorf: Data Becker.

tagmotion. (13. 02 2010). *QR-Code der Sparkasse mit Branding – Code-Vergleich.* Abgerufen am 03. 12 2011 von tagmotion: http://www.tagmotion.de/2010/02/13/qr-code-der-sparkasse-mit-branding-code-vergleich/

Tißler, j. (05. 12 2011). *Wann wird etwas viral?* Abgerufen am 05. 12 2011 von t3n: http://t3n.de/news/etwas-viral-infografik-348956/

Tweeternet. (01. 01 2010). *What is Twitter and why does it keep following me around?* Abgerufen am 03. 12 2011 von Tweeternet: http://tweeternet.com/

WorldWideWebSize.com. (01. 12 2011). *The size of the World Wide Web (The Internet).* Abgerufen am 10. 12 2011 von WorldWideWebSize: http://www.worldwidewebsize.com/